Wichtelige Weihnachten

Eine Geschichte auf 24 Klappkarten

Liebe Eltern,

Weihnachtszeit ist Vorlese-, Familien-, Back-, Bastel- und Deko-Zeit. In diesem Kartenset ist all das vereint. Jeden Abend können Sie und Ihre Kinder die Geschichte weiterlesen und danach die Klappkarte aufstellen – so entsteht im Laufe des Dezembers eine tolle Dekoration auf Fensterbank, Schreibtisch oder Kommode.

Darüber hinaus finden Sie auf den Kartenrückseiten täglich eine Bastel-, Spiel- oder Backidee. Ein Tipp: Schauen Sie doch zu Beginn einmal alle durch und überlegen, welche Anregungen Sie gerne mit Ihren Kindern ausprobieren möchten. Dann können Sie für diese Aktionen gleich das Material besorgen und haben schon alles beisammen, wenn es losgehen soll.

Und wenn die Zeit für all das gar nicht reicht, weil vor Weihnachten ohnehin immer so viel zu tun ist? Dann lesen Sie Ihren Kindern einfach die Geschichte vor, stellen die Karten auf und machen sich mit dem Rest keinen Stress – davon gibt es für Eltern in der Adventszeit ohnehin schon genug.

Haben Sie es fröhlich, friedlich und gemütlich!

Die Rentiere:

Karl, Fred und Ottokar ziehen in der Weihnachtsnacht den Schlitten mit den Geschenken. Die Schnellsten sind sie nicht gerade – manche würden sie vermutlich als faul und verfressen bezeichnen. Dennoch haben sie ihre Momente, in denen sie zur Höchstform auflaufen. **Fred** erkennst du an seinem Halstuch, **Ottokar** an der Fliege und **Karl** an der Weihnachtskugel an seinem Geweih.

Die Autorin:

Anne Rummenie war viele Jahre als Produktmanagerin im Verlag tätig, bevor sie sich 2020 selbstständig gemacht hat. Inzwischen denkt sie sich Produkte, Charaktere und Geschichten aus und liebt das sehr. Sie ist Mama von drei wilden, wunderbaren Jungs und jetzt ganz frisch auch von sechs Wichteln und drei Rentieren. Mit ihrem Mann und besagten Jungs lebt sie am Waldrand im Süden von Münster.

Die Illustratorin:

Petra Bergmann wurde 1979 in Essen geboren. Nach dem Abitur in Kassel verschlug es sie zum Pädagogik-Studium nach Oldenburg. Nach einem Fernstudium der Malerei an der Hamburger Akademie für Fernstudien gab sie Malkurse für Erwachsene und Kinder und hatte zahlreiche Einzel- und Gruppenausstellungen. Seit 2017 widmet sie sich freiberuflich der Illustration. Sie ist verheiratet und hat zwei Söhne.

Die Energiebündel **Juppi und Jette** machen unheimlich gerne Quatsch.

Der Schneehase:

Für **Kugel** ist dieser Heiligabend eine ganz besondere Nacht, die sein Leben für immer verändern wird.

Wer ist wer in dieser Geschichte?

Die Wichtel:

Die Chefin in der Wichtelwerkstatt ist **Wilma**: Sie passt auf, dass der Laden läuft.

Knorke ist der älteste und erfahrenste Wichtel.

Die abenteuerlustige **Svea** geht Probleme mutig an und gibt nicht schnell auf.

Per, ein gutmütiger und empfindsamer Wichtel, ist lieber ein bisschen zu vorsichtig als zu draufgängerisch.

Impressum

1.Auflage 2021
moses. Verlag GmbH
Arnoldstraße 13d
47906 Kempen

www.moses-verlag.de
info@moses-verlag.de

ISBN: 978-3-96455-165-8

Idee und Text: Anne Rummenie
Illustrationen: Petra Bergmann
Layout, Typographie & Satz: Silke Klemt
Herstellung: Linda Naumann, Arnold & Domnick GbR
Redaktion: Geesche Oetken
Printed in China

Bastelidee: Wichtelwerkstatt

Ihr braucht:

- 1 Schuhkarton
- Wasser- oder Plakafarben, Stifte
- Prickelnadel
- Stoffreste, Knete

Verwandelt einen Schuhkarton in eine Wichtelwerkstatt! Bemalt oder beklebt ihn von innen und außen so, wie ihr euch die Werkstatt vorstellt. Prickelt Fenster in die Wände und klebt ein Fensterkreuz aus Pappe hinein. Hängt Stoffreste als Gardinen auf oder macht einen Teppich daraus. Die Möbel und die Wichtel könnt ihr kneten, basteln oder aus der Puppenstube oder Spielzeugkiste holen. Natürlich bekommt ihr so eine Werkstatt nicht an einem Tag fertig, aber ihr könnt ja bis Weihnachten immer mal wieder daran weiterarbeiten.

1

Wie jedes Jahr um diese Zeit stand die Wichtelwerkstatt Kopf. Sägespäne flogen durch die Luft, Geschenkpapier rollte über den Boden, Farbkleckse landeten auf den Tischen – kurz: Die Vorbereitung auf Weihnachten lief auf Hochtouren.

Durch das Durcheinander aus Werkzeug, Bastelmaterial und halbfertigen Geschenken bahnte sich Wichtelin Wilma ihren Weg, um zu überprüfen, wie gut es voranging.

„Wie weit bist du mit den Rollschuhen, Svea?“, fragte sie eine junge Wichtelfrau, die sich die Haare mit einem knallbunten Tuch aus der Stirn gebunden hatte und bei der Arbeit Kopfhörer trug. „Fast fertig“, antwortete Svea und wippte gutgelaunt mit dem Kopf zur Musik, während sie die letzten Rollen festschraubte.

Sveas bester Freund Per, der gerade mit großer Sorgfalt Puppenkleider nähte, war so vertieft in seine Aufgabe, dass er gar nicht aufblickte, als Wilma die kleinen Jacken und Hosen begutachtete.

Neben ihm saß Knorke, der älteste Wichtel in der Werkstatt, und pinselte Holzlokomotiven bunt an. Dabei führte er mit seiner knarzigen Stimme halblaut-murmelnd Selbstgespräche, woran sich aber niemand störte.

Weiter hinten bauten Jette und Juppi Schaukelpferdchen und machten dabei – wie immer – ordentlich Quatsch. Jetzt gerade hatte sich Jette sämtliche Nägel, die sie eigentlich zum Zusammenbauen der Pferdchen benutzen sollte, in den Mund gesteckt, so dass sie vorne wie ein eiserner Blumenstrauß herausschauten. „Guck mal, Huppi, waff bin iff?“, fragte sie nuschelnd. „Keine Ahnung“, kicherte ihr Freund. „Ein Nageldier“, stieß Jette glucksend hervor, und musste so lachen, dass ihr alle Nägel aus dem Mund fielen und über den Boden kullerten.

„He ihr beiden“, rief Wilma barsch und stemmte die Arme in die Hüften. „Kommt mal in die Gänge mit euren Schaukelpferden!“ Jette und Juppi kicherten weiter, machten sich aber schnell wieder an die Arbeit.

Plötzlich flog mit einem lauten Krachen die Tür zur Werkstatt auf, und herein polterte der Chef aller Weihnachtswichtel, der Weihnachtsmann höchstpersönlich. „Nur dass ihr es wisst: Ich streike“, verkündete er mit donnernder Stimme. „Weihnachten fällt in diesem Jahr aus!“

Bastelidee: Pappteller-Weihnachtsmann

Ihr braucht:

- 1 weißen Pappteller
- Stifte oder Wasserfarben
- Roten Tonkarton
- ggf. Watte für den Bommel an der Mütze

Faltet einen weißen Pappteller in der Mitte. Malt einen Teil der vorderen Tellerhälfte rosa (oder welche Hautfarbe euer Weihnachtsmann haben soll) an – lasst aber den unteren Teil weiß, denn das ist der Bart. Malt oder klebt Augen, Nase und Mund auf. Aus roter Pappe schneidet ihr die Mütze aus und befestigt sie an der oberen Kante. Ihr könnt sie noch mit einem kleinen weißen Wattebausch an der Spitze verzieren. Hohoho!

2

„Weihnachten fällt in diesem Jahr aus!“ – Dieser unglaubliche Satz hallte in der Werkstatt nach, und sekundenlang war es mucksmäuschenstill. „Aber Chef“, stammelte schließlich Wilma, „wieso, wenn ich fragen darf ...“ – „Weil ich es einfach nicht mehr einsehe“, unterbrach sie der Weihnachtsmann wütend. „Jedes Jahr muss ich die ganze Nummer alleine stemmen. Oder glaubt ihr etwa, dass diese drei Knalltüten da drüben eine große Hilfe sind?“

Er machte eine vielsagende Kopfbewegung in die hintere Ecke der Werkstatt, wo die Rentiere Fred, Karl und Ottokar sich zwischen Strohballen lümmelten, Karten spielten und Kekse futterten.

„Naja, immerhin ziehen sie den schweren Schlitten mit den ganzen Geschenken ...“, gab Per vorsichtig zu bedenken.

„Pha! Ihr Wichtel habt ja keine Ahnung, wie das läuft“, schnaubte der Weihnachtsmann verächtlich. „Spätestens nach einer halben Stunde geht das Gemaule doch los“, und er äffte den Tonfall der Rentiere nach: „‚Der Schnee ist so kalt‘, ‚Ist es noch weit?‘, ‚Ich kann nicht mehr‘, ‚Ich muss mal Pipi!‘ So geht es in einer Tour. Damit wir die lange Strecke überhaupt irgendwie schaffen, muss ich den Schlitten von hinten schieben und den Herrschaften dabei noch gut zureden. Wenn es nach denen ginge, würden die einfach am Straßenrand warten, bis ich sie auf dem Rückweg wieder einsammle. So ist das nämlich!“

Die Wichtel sahen einander betroffen an. Sie alle wussten, dass die Rentiere die meiste Zeit des Jahres eine ruhige Kugel schoben und am liebsten faul irgendwo zusammen abhingen. Aber dass sie selbst am Heiligabend ihren Job nicht anständig erledigten, hörten die Wichtel jetzt zum ersten Mal.

„Chef, dein Ärger ist mehr als nachvollziehbar“, brummte Knorke verständnisvoll, „aber ist das wirklich ein Grund, gleich das ganze Weihnachtsfest abzusagen?“

„Und ob!“, entgegnete der Weihnachtsmann entschlossen. „Meine Entscheidung steht fest. Falls jemand mich sucht, ich haue mich aufs Ohr. Zur Silvesterfeier könnt ihr mich dann gern wieder wecken.“ Mit einem lauten „Rumms“ fiel die Tür hinter ihm zu und die Wichtel blieben verdattert zurück.

Idee fürs Abendessen: Rentier-Schnitten

Ihr braucht:

- Brot
- Brotauflage, z. B. Käse
- 2 Apfelschnitze
- Rosinen, kleingeschnittenes Gemüse o. ä. für die Augen

Eine beispielsweise mit Käse belegte Scheibe Brot wird der Körper des Rentieres, die abgeschnittenen und noch etwas gekürzten Kanten dieser Scheibe die Beine. Ein kleineres Brot-Rechteck als Kopf anlegen. Zwei Apfelscheiben so zurechtschneiden, dass sie wie ein Geweih aussehen. Ein Stückchen Käse oder Wurst im unteren Teil des Kopfes platzieren. Darauf kommen die Nasenlöcher – Brotkrümel, Rosinen, winzige Gurken- oder Paprikastückchen. Aus so etwas könnt ihr auch die Augen machen. Hoffentlich sieht das Ganze am Ende nicht zu niedlich aus, um reinzubeißen.

3

Nachdem der Weihnachtsmann herausgestürmt war, herrschte in der Werkstatt ratloses Schweigen. Nur Jette und Juppi schienen die Ankündigung gar nicht so übel zu finden. „Können wir dann jetzt aufhören, Schaukelpferde zu bauen?", fragte Juppi. „Und stattdessen selbst eine Runde spielen?", setzte Jette hinterher und begann, zwei Pferdchen laut wiehernd um die Wette galoppieren zu lassen. Wilma schüttelte missbilligend den Kopf.

„Wisst ihr eigentlich, wie sehr sich die Menschen auf das Fest freuen?", gab Per nach einer kurzen Stille zu bedenken. „Allein die Kinder ..."

„Tja. Aber zwingen können wir den Chef nicht", brummte Knorke.

„Wenn der Weihnachtsmann die Tour nicht machen will", sagte Svea entschlossen, „dann müssen wir sie eben übernehmen!"

„Au ja", jubelten Jette und Juppi begeistert und hüpften aufgekratzt durch die Werkstatt. Per war skeptisch: „Ich weiß nicht, Svea. Wir haben doch gar keine Erfahrung mit der Geschenke-Auslieferung."

„Dann müssen wir eben improvisieren", entgegnete Svea, und ihre Augen funkelten. „Kommt schon – was haben wir denn zu verlieren?"

„Stimmen wir ab", schlug Wilma vor. „Wer ist dafür, dass in diesem Jahr WIR den Menschen die Geschenke bringen?" Ein Wichtel nach dem anderen hob die Hand – am Ende auch Per. „Einstimmig beschlossen", stellte Wilma zufrieden fest. „Dann ab an die Arbeit. Wir müssen nicht nur die restlichen Geschenke fertigstellen, sondern außerdem unsere Reise vorbereiten. Vor allem aber brauchen wir einen Plan, wie wir die Kollegen da hinten zum Laufen bekommen." Alle Wichtel sahen hinüber zu den drei Rentieren. Die hatten inzwischen ihr Kartenspiel beendet und versuchten jetzt, sich gegenseitig Dominosteine in die Mäuler zu werfen. Dass sie dabei nur selten trafen, schien sie nicht weiter zu stören. Boden und Wand waren mittlerweile ordentlich mit zermatschtem Gebäck besudelt.

„Irgendwas sagt mir, dass das mit den Dreien nicht ganz einfach wird", murmelte Per und duckte sich vor einem heranzischenden Dominostein, der ihn beinahe am Kopf getroffen hätte.

Bastelidee: Geschenke-Schlitten

Ihr braucht:

- 1 leere Streichholzschachtel
- braunen Tonkarton
- Beladung für den Schlitten, z. B. kleine Geschenke aus Knete

Nehmt euch eine leere Streichholzschachtel und malt sie braun an. Nun zeichnet ihr auf braunen Tonkarton die Umrisse eines Schlittens. Schneidet den Schlitten aus und benutzt ihn als Schablone für einen zweiten. Klebt die beiden Pappschlitten rechts und links an die Kanten der Streichholzschachtel. Diese könnt ihr jetzt noch mit kleinen Kostbarkeiten füllen, zum Beispiel mit Murmeln oder Schokolinsen. Oder ihr knetet kleine Geschenke und legt sie auf den Schlitten. Eine tolle Deko!

4

In den nächsten Tagen arbeiteten die Wichtel mit Feuereifer an den Geschenken – und an Ideen, wie sie Fred, Karl und Ottokar dazu bringen könnten, den Schlitten zu ziehen. Denn dass die Wichtel selbst zu klein und deshalb nicht stark genug waren, ihn zu schieben, das war ihnen klar.

Endlich war der Heiligabend da! Per hatte für Fred, Karl und Ottokar ärmellose Laufshirts mit der Aufschrift ‚RENNTIER‘ genäht. Die drei hatten ihn zunächst angeschaut, als sei er nicht mehr ganz dicht. Aber dann hatten sie sich die Trikots doch überstreifen lassen, und jetzt waren sie von ihren neuen Outfits eigentlich ganz angetan. „Irgendwie professionell“, murmelte Karl, und versuchte verstohlen, in den Fensterscheiben der Wichtelwerkstatt einen Blick auf sich selbst zu erhaschen.

Während Jette, Juppi, Per und Knorke die Geschenke auf dem Schlitten verluden, gingen Wilma und Svea daran, die Rentiere anzuspannen. Das allerdings war schwieriger als erwartet. „Ich laufe nicht hinter Karl her, das könnt ihr vergessen“, stellte Fred bockig klar. „Mach ich auch nicht!“, verkündete Ottokar.

„Und warum nicht, wenn ich fragen darf?“, wollte Svea entnervt wissen.

„Sagt bloß, euch ist nicht klar, warum er den Spitznamen ‚Knatter-Karl‘ hat?“, gab Ottokar zurück. „Die Fürze, die der Kerl beim Laufen fahren lässt, hauen dich schier um. Nicht mit uns!“ Und demonstrativ wandten er und Fred sich ab und starrten störrisch vor sich hin.

Wilma und Svea wechselten einen Blick. Knatter-Karls Pupse waren in der Tat legendär – gegen die roch eine Stinkbombe wie ein mit Parfum besprühter Wattebausch. Genau aus dem Grund hatten sie ja Karl ganz vorne anspannen wollen – so weit wie möglich von den Wichtelnasen auf dem Kutschbock entfernt. Aber sie merkten, dass sie gegen die Starrköpfigkeit von Fred und Ottokar keine Chance hatten. „Also gut“, entschied Wilma. „Ottokar läuft vorne, Fred und Karl kommen nebeneinander direkt vor den Schlitten!“ Fred grinste zufrieden, und Ottokar bemerkte hämisch: „Viel Spaß auf dem Kutschbock!“

Idee für die Weihnachtsbäckerei: Lebkuchenherzen

Ihr braucht:

- 400 g Weizenmehl
- 1 gestr. TL Backpulver
- 200 g Zuckerrübensirup
- 1 TL Lebkuchengewürz
- 125 g Zucker
- 125 g weiche Butter
- ½ TL Salz
- 3 EL Wasser
- 1 Eigelb
- Zucker-Schrift aus dem Supermarkt

Mehl und Backpulver in einer Rührschüssel mischen. Die übrigen Zutaten hinzufügen und zu einem glatten Teig kneten. Diesen eine Stunde kalt stellen.

Den Teig auf einem bemehlten Brett etwa 1 cm dick ausrollen und mit Hilfe einer Schablone zwei Herzen von etwa 18 cm Höhe ausschneiden. Diese auf ein Backblech legen und bei 180 °C (Ober- /Unterhitze) im vorgeheizten Backofen etwa 18 Minuten backen. Nach dem Erkalten mit Zucker-Schrift verzieren.

5

Endlich konnte es losgehen! Die sechs Wichtel kletterten auf den Kutschbock, und die Rentiere setzten sich in Bewegung. Knatter-Karls Pupse waren anfangs ein ziemliches Problem, aber bald war dafür eine Lösung gefunden: Knorke holte seinen alten Blasebalg hinten vom Schlitten. Den hatte er eigentlich eingepackt, um bei einer Rast ein Feuerchen anfachen zu können. Nun pustete er damit die stinkenden Wolken, die ihnen aus Karls Popo entgegenströmten, seitlich vom Schlitten weg.

Nach einiger Zeit wurden die Rentiere langsamer und langsamer und blieben schließlich ganz stehen. „Pause!“, verkündete Ottokar von vorne. „Kommt nicht in Frage“, gab Wilma zurück. „Wir haben noch nicht ein einziges Geschenk ausgeliefert!“ Dann wandte sie sich an Juppi und raunte ihm verschwörerisch zu: „Es ist Zeit für Maßnahme Eins!“ Juppi sprang auf und holte eine Angelrute hervor, an deren Ende er ein großes Lebkuchenherz gebunden hatte. Geschickt kletterte er vom Kutschbock über die Rücken der Rentiere bis ganz nach vorne auf Ottokars Geweih. Oben angekommen, ließ er das Lebkuchenherz vor dem Rentiermaul hin- und herbaumeln – aber in einem solchen Abstand, dass dieses es nicht erwischen konnte. Einige Sekunden lang betrachtete Ottokar das Herz mit leicht nach oben schielenden Augen. Dann schnaubte er trocken: „Haltet ihr mich für völlig bekloppt?“ – „Aber ...“, stammelte Juppi ratlos, und ließ die Angelrute noch ein paar Mal auf- und niederzucken, „das ist allerbester Lebkuchen!“ Da mischte sich Fred von hinten ein: „Vorschlag, du Schlaumeier. Du holst jetzt sämtliche Stücke von diesem allerbesten Lebkuchen, die du mitgebracht hast. Die gibst du den Kollegen und mir zu fressen, und mit etwas Glück sind wir danach wieder so weit gestärkt, dass es weitergehen kann.“ Kleinlaut trat Juppi den Rückzug über die Rentierrücken an. Als er gerade auf Ottokars Hinterteil angekommen war, schnappte Karl beherzt nach Angelrute und Lebkuchenherz und zermalmte beides krachend zwischen seinen großen Kiefern. „Was denn?“, schmatzte er genüsslich, als er Juppis empörten Blick sah. „Es soll doch nichts verkommen!“

Spielidee: Weihnachtslieder summen

Ein Familienmitglied summt ein Weihnachtslied und die anderen müssen erraten, um welches es sich handelt. Wer zuerst die richtige Lösung sagt, darf als Nächste oder als Nächster summen.

6

Nachdem sie sich mit dem gesamten Lebkuchen-Proviant gestärkt hatten, setzten die Rentiere sich wieder in Bewegung. „Also, die Lauf-Trikots und die Süßigkeiten waren ja schon ganz nett“, kommentierte Ottokar von vorne. „Was habt ihr denn sonst noch so auf Lager?“

Die Wichtel wechselten unruhige Blicke. Die nächste Aktion, die sie geplant hatten, war ihnen ein bisschen unangenehm.

„Wir, äh, wir haben ein paar Lieder eingeübt. Um euch anzufeuern“, sagte Svea und errötete leicht.

„Ihr wollt singen?“, fragte Fred belustigt. „Na dann lasst mal hören!“

„Moment“, sagte Per, „da fehlt noch etwas“. Verlegen verteilte er golden glitzernde Cheerleader-Pompons an seine Wichtelfreunde. Die Rentiere prusteten los, als sie sahen, wie die Wichtel sich ausstaffierten. „Wenn Knorke jetzt noch ein Tutu anzieht, dann fang ich tatsächlich an zu rennen“, grölte Karl.

Trotzig wedelten die Wichtel mit ihren Pompons und stimmten zur Melodie von „Jingle Bells“ an:

„Rentier lauf, Rentier lauf,
Rentier lauf ganz schnell,
Wenn du jetzt nicht alles gibst,
Wird es gleich schon wieder hell,
hey!“

Die Rentiere konnten sich vor Lachen kaum halten. Aber wenn sie ganz ehrlich waren, dann lief es sich mit dem aufmunternden Gesang im Ohr tatsächlich etwas leichter! Und so riefen sie laut „Zugabe, Zugabe“, nachdem das erste Lied verklungen war. Die Wichtel ließen sich nicht lange bitten und legten direkt nach zur Melodie von „O Tannenbaum“:

„O Rentiere, o Rentiere,
wie schnell sind eure Hufe!
Ihr seid die Helden dieser Nacht,
Ihr zieht den Schlitten, bis er
kracht …“

„Hier kracht gleich noch was ganz anderes“, gluckste Karl, und sein Hinterteil zuckte verdächtig. Routiniert griff Knorke nach dem Blasebalg und blies die stinkenden Dämpfe mit ein paar beherzten Armbewegungen in die eisige Nachtluft.

Idee für die Weihnachtsbäckerei: Knusperhäuschen

Ihr braucht:

- 1 Packung Butterkekse
- 200 g Puderzucker
- 4 EL Zitronensaft
- 1 Packung Dominosteine
- 1 Tüte Gummibärchen

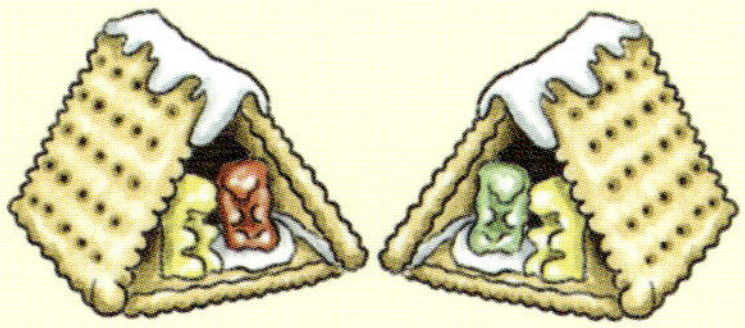

Knusperhäuschen schmecken nicht nur lecker – sie sehen auch sehr schön aus! Als „Mörtel“ nehmt ihr Zuckerguss: Puderzucker sieben und mit Zitronensaft zu einer dickflüssigen Masse glattrühren.

Klebt einen Dominostein mit Zuckerguss mittig auf einen Butterkeks. Jetzt bestreicht ihr die langen Kanten von zwei weiteren Butterkeksen mit Zuckerguss und setzt diese wie ein Dach auf den unteren Keks. Noch mehr Zuckerguss als Schnee auf das Dach geben. Zwei Gummibärchen im Eingangsbereich platzieren – fertig!

7

Nach einiger Zeit erreichte der Schlitten ein kleines Dorf. Wilma parkte vor dem ersten Haus am Wegesrand. Die Wichtel legten die Köpfe in die Nacken und betrachteten stumm den Schornstein auf dem Dach. „He, Leute“, hüstelte Knorke, „hat zufällig jemand an die Leiter gedacht?“ Das hatte leider niemand. „Und wie kommen wir jetzt da hoch?“, grübelte Per.

„Versuchen wir es mal mit einer Wichtel-Pyramide“, schlug Svea vor. Wilma, Knorke und Per stellten sich nebeneinander dicht an die Hauswand. Svea und Juppi kletterten auf ihre Schultern, und zuletzt kraxelte Jette an ihren Freunden empor nach ganz oben. „Und, Jette?“, fragte Wilma, die unter dem Gewicht schon leicht wankte, „kommst du ans Dach?“ – „Äääääähm“, rief Jette von oben, und man hörte sogar ihrer Stimme an, wie sehr sie sich streckte. „Wenn ich mich ganz, gaaanz lang mache ... dann erreiche ich .... die obere Kante des Fensters.“ – „Waaaas?“, schrien die anderen Wichtel im Chor, drehten ihre Köpfe nach oben, taumelten, stolperten, und Sekunden später lag die gesamte Pyramide im Schnee.

Die Rentiere hatten alles mit angesehen. Nun befreiten sie sich aus ihrem Schlittengeschirr und stapften zu dem Wichtelhaufen hin. „Große Sänger mit kleiner Gestalt“, kommentierte Ottokar.

Jette und Juppi setzten sich schniefend auf. „Wir haben uns so viel Mühe gegeben! Und jetzt ist alles umsonst. Nicht mal ein einziges Geschenk können wir den Menschen durch den Kamin bringen!“ Tränen liefen über Juppis Wangen. „Na na na“, brummte Karl tröstend und senkte den Kopf. Dann schob er wie ein Schaufelbagger sein Geweih unter den Schneehaufen, in dem Jette und Juppi saßen, und hob sie empor. Behutsam setzte er die Vorderbeine auf Freds Rücken und stemmte sich hoch. Dann reckte er seinen Kopf Richtung Dach. Jette und Juppi wussten im ersten Moment gar nicht, wie ihnen geschah, aber dann ergriffen sie schnell die Dachrinne. Von dort aus war es für sie ein Kinderspiel, das schräge Dach emporzuklettern, und kurze Zeit später saßen sie rittlings neben dem Schornstein. „Geschafft“, winkten sie fröhlich nach unten, „ihr könnt jetzt die Geschenke raufwerfen!“

Spielidee: Ich packe meinen Koffer (Weihnachts-Edition)

Das jüngste Familienmitglied beginnt und sagt: „Die Wichtel liefern Geschenke aus und bringen eine Holzlokomotive durch den Schornstein." Der oder die Nächste wiederholt nun das erste Geschenk und fügt selbst noch eins hinzu, also z. B.: „Die Wichtel liefern Geschenke aus und bringen eine Holzlokomotive und einen Teddybären durch den Schornstein." So werden es immer mehr Geschenke, bis jemand einen Begriff vergisst oder die Reihenfolge durcheinanderbringt. Dann beginnt ein neues Spiel. Viel Spaß!

8

Weil in dem Haus eine große Familie wohnte, mussten viele Geschenke vom Schlitten geholt und zu Jette und Juppi auf das Dach geworfen werden. Nicht alle fingen die beiden beim ersten Versuch auf – ein paar Päckchen purzelten polternd das Dach wieder herunter. „Hoffentlich waren das nicht die Porzellantassen“, murmelte Per.

Aber schließlich war eine ausreichende Menge an Geschenken oben angekommen. Jette wickelte ein langes Seil um den Schornstein, knotete es fest und ließ es den Schlot hinab. Die beiden Wichtel klemmten sich die Geschenke unter den Arm und verschwanden im Kamin. Unten im Schnee hielten Wilma, Knorke, Svea und Per den Atem an. „Was, wenn sie es nicht schaffen, wieder hochzuklettern?“, fragte Per leise. „Jette und Juppi sind fit“, versuchte ihn Svea zu beruhigen. „Die kriegen das hin!“ Aber ganz überzeugt klang sie dabei nicht. Endlich, nach einer gefühlten Ewigkeit, tauchten aus dem Schornstein zwei kleine Gestalten auf, die über und über mit Ruß bedeckt waren, und winkten übermütig nach unten. Dann setzten sie sich auf den Po und rutschten, vor Freude quietschend, das Dach herunter. Die Dachrinne wurde zur Sprungschanze, und die beiden flogen im hohen Bogen durch die Luft. „ARSCHBOMBE“, schrie Jette, und im nächsten Augenblick landeten sie und Juppi in einem großen, weichen Schneehaufen. Prustend tauchten sie auf und schüttelten sich den Schnee ab.

„Es hat super geklappt! Wir haben alles unter den Tannenbaum gelegt“, berichtete Jette. „Der Rückweg war ein bisschen schwieriger als der Hinweg, wir sind ein paarmal gegen die Kaminwände gestoßen.“ – „Ach, tatsächlich?“, fragte Wilma grinsend und rieb Juppi die schwarzen Flecken aus dem Gesicht. „Das Wichtigste ist“, mahnte sie dann, „dass euch niemand entdeckt hat. Oberstes Gebot am Heiligabend: Die Menschen dürfen uns nicht sehen!“ – „Keine Sorge“, beruhigte Jette sie. „Erstens war niemand im Wohnzimmer, und zweitens sind wir so blitzschnell da herumgezischt, dass man uns sowieso nicht bemerkt hätte!“

Bastelidee: Wichtelsteine

Ihr braucht:
- Steine
- Acryl- oder Plakafarbe

Sammelt bei einem Spaziergang Steine – am besten eignen sich mittelgroße, möglichst glatte. Bemalt sie mit Plaka- oder Acrylfarben als Wichtel: Eine Mütze im oberen Bereich, unten ein Mantel. Das Gesicht in der Mitte könnt ihr auch mit Filzstiften aufmalen. Vielleicht fällt euch jemand ein, der oder dem ihr die Wichtelsteine zu Weihnachten schenken könnt.

9

Nachdem die Wichtel die ersten Häuser erfolgreich beliefert hatten, tat sich bald ein neues Problem auf, das sich durch ein leichtes Donnergrollen andeutete – oder zumindest durch etwas, das sich so ähnlich anhörte. „Karl, bist du das?“, fragte Knorke, und wollte schon nach dem Blasebalg greifen.

„Das ist mein Magen“, sagte Wilma kläglich. „Ich habe entsetzlichen Hunger!“ Den anderen ging es genauso. „Ja, habt ihr etwa keinen Proviant mitgenommen?“, rief Ottokar entsetzt von vorne. „Was ist das denn für eine miserable Planung, ihr Pappnasen!“ – „Ähm, wenn ich dich daran erinnern darf“, gab Svea schnippisch zurück, „wir HATTEN eine Riesenladung Lebkuchen eingepackt, aber die wurde innerhalb der ersten zehn Minuten von drei Vielfraßen vertilgt. Und zwar restlos!“ Karl, Fred und Ottokar schwiegen betreten. „Was sollen wir nur machen?“, überlegte Per. „Die Nacht ist noch lang. Wir werden das nicht schaffen, ohne zwischendurch etwas zu essen.“

„Also, die Tische der Menschen sind reich gedeckt“, gab Jette zögernd zu bedenken. „In den Küchen duftet es nach Braten, die Kartoffeln dampfen in den Schüsseln, in den Kühlschränken warten die Nachspeisen darauf, verputzt zu werden …“ Bei ihrer Schilderung lief den Wichteln und Rentieren das Wasser im Munde zusammen.

„Ihr denkt doch nicht etwa daran, die Menschen zu beklauen?“, riss Per sie alle aus ihren Gedanken. „Wenn wir ihnen ihr mühevoll zubereitetes Festmahl stehlen, ist der Heiligabend für sie völlig ruiniert!“

„Naja“, wandte Juppi ein, „wenn wir Wichtel vor Hunger und Schwäche im Schnee steckenbleiben und ihnen keine Geschenke bringen können, ist Weihnachten auch nicht gerade der Knaller!“

„Wir müssen ja nicht EINER Familie ALLES mopsen“, überlegte Jette. „Aber wenn wir in jedem Haus nur ein ganz kleines bisschen mitnehmen – hier zwei Semmelknödel, da ein paar Datteln im Speckmantel, dort eine kleine Portion Mousse au Chocolat – dann werden die Menschen das nicht einmal bemerken! Und wir hätten nach ein paar Häusern genug für uns alle zusammen.“

Diese Idee leuchtete allen ein, und die Wichtel beschlossen, bei der nächsten Auslieferung die „Operation Bulette“ zu starten.

Idee für die Weihnachtsbäckerei: Rentier-Muffins

Ihr braucht:

Für die Muffins:
- 180 g weiche Butter
- 150 g Zucker
- 1 Prise Salz
- 3 Eier
- 200 g Mehl
- 2 TL Backpulver
- etwas Fett für die Form

Für die Verwandlung in Rentiere:
- Salzbrezeln
- Schokoglasur
- ggf. Zuckeraugen
- Mini-Schokolinsen

Muffin-Zutaten mit dem Mixer zu einem glatten Teig verarbeiten, in Förmchen füllen und bei 180 °C (Ober-/Unterhitze) im vorgeheizten Backofen etwa 25 Minuten backen. Erkalten lassen.

Salzbrezeln so zerbrechen, dass sie wie ein Geweih aussehen. Die Muffins mit Schokoglasur bestreichen, die Salzbrezel-Geweihe leicht reindrücken. Gesichter nach Belieben gestalten.

10

Leider war es gar nicht so einfach, das Essen hinauszubekommen. Beim Hochklettern im Kamin mussten sich Jette und Juppi mit beiden Händen am Seil festhalten und konnten nicht noch Lebensmittel tragen. Sie versuchten zunächst, alles in ihren Hosentaschen zu verstauen. Aber bei der Klettertour durch den Kamin und der Rutschpartie über das Dach blieb einfach nichts heile. Gekochte Kartoffeln wurden zu Kartoffelmatsch, Zimtsterne zu Zimtbröseln und Dominosteine zu Dominoschmiere. „Wir müssen das anders machen", entschied Wilma.

Im nächsten Haus öffnete Jette das Wohnzimmerfenster. „Achtung, Würstchen im Anflug", rief sie ihren Freunden zu. Karl, der eigentlich gerade ein bisschen gedöst hatte, hob beim Stichwort „Würstchen" ruckartig den Kopf, und – zack – hatte er es mit einer Spitze seines Geweihs aufgespießt. Von jetzt an machten sie ein Spiel daraus: Jette und Juppi warfen die Lebensmittel nach draußen, und Fred, Karl und Ottokar drängelten sich vor den Fenstern, um sie zu erwischen. Bratäpfel, Knödel, Frikadellen, Kroketten – alles landete auf den Köpfen der Rentiere. „Normalerweise hab' ich für Sport nicht viel übrig", sagte Ottokar, nachdem er gerade kunstvoll einen Donut auf sein Geweih manövriert hatte, „aber das hier macht richtig Laune!"

„Legen wir eine Essens-Pause ein", schlug Wilma vor, als die Rentiere reichlich mit Speisen bestückt waren. „Einen Moment noch", sagte Juppi und schnupperte. „Aus dem Haus dort drüben kommt so ein unwiderstehlicher Geruch ... was immer die dort kochen, davon möchte ich auch noch etwas haben!" Und weg war er. Plötzlich ertönte im Haus ein lautes Platschen, dann hörte man Prusten und Husten. Kurze Zeit später stand Juppi wieder vor ihnen – über und über mit orangener Sauce besudelt. „Kürbissuppe", murmelte er bedröppelt. „Ich musste mich tief über den Topf beugen, um herauszufinden, was darin ist – und dann habe ich das Gleichgewicht verloren."

„Das haben wir gleich", brummte Karl, und schleckte Juppi mit seiner riesigen, rauen Zunge über den Kopf.

„Ich liebe Kürbissuppe!", rülpste er danach zufrieden. „Ihr etwa nicht?"

Bastelidee: Kiefernzapfen-Tannenbäumchen

Ihr braucht:

- Kiefernzapfen
- Acryl- oder Plakafarbe
- Bunte Pompons

Sammelt in der Natur Kiefernzapfen und malt sie mit grüner Plaka- oder Acrylfarbe an. Ihr könnt sie aber auch einfach unbemalt lassen. Steckt bunte Pompons aus dem Bastelladen in die Zapfen hinein – fertig sind eure Miniatur-Tannenbäumchen.

Tipp: Anstelle von Pompons könnt ihr auch Fetzen von Küchenrollen-Papier zu kleinen Kugeln knüddeln und sie mit Wasserfarbe einfärben.

11

Um nicht von Menschen entdeckt zu werden, suchte sich die Truppe eine geschützte Stelle im Wald, wo sie ungestört picknicken konnte. Die Wichtel pflückten den Rentieren das Essen von den Geweihen, und danach war eine ganze Weile nichts zu hören als zufriedenes Schmatzen. Aber plötzlich ertönte ein helles Stimmchen: „Ob ich vielleicht einmal von den Spekulatius probieren dürfte, büdde?“ Die Wichtel sahen sich suchend um. „Jette, hast du das eben gefragt?“, wollte Knorke wissen. Jette schüttelte verwundert den Kopf. „Oder von den Marshmallows? Oh büdde, büdde!“, vernahmen die Wichtel erneut das Stimmchen. „Wer ist denn da?“, fragte Wilma laut. Da tauchte ein kleines, weißes Wesen aus dem Schatten des Schlittens auf. „Ich bin Kugel, der Schneehase“, stellte es sich freundlich vor, „und ich hätte auch großes Interesse an den Blumenkohlröschen, die ihr da habt!“

„Ein sprechender Hase“, staunte Ottokar. „Ja, gibt’s denn sowas?“ – „Das fragt ja der Richtige“, empörte sich Kugel. „Du bist schließlich auch ein Tier, und wenn ich mich nicht irre, höre ich auch dich laut und deutlich reden!“ – „Das schon“, beeilte sich Wilma zu erklären,

„aber die Rentiere hier sind magische Weihnachtstiere. Sie gehören dem Weihnachtsmann, deshalb können sie sprechen. Du dagegen ...“ – „ ... bist ein stinknormaler Hase“, vollendete Fred ihren Satz, und er untersuchte Kugel von allen Seiten mit seinem Maul. „He, lass das büdde mal“, rief der Schneehase und schob den Rentierkopf entschieden mit seiner Pfote weg. „Es stimmt schon, ich bin ein gewöhnliches Tier“, fuhr er dann fort, „aber ihr vergesst, dass heute Heiligabend ist! In dieser besonderen Nacht können doch alle Tiere sprechen!“ – „Unglaublich!“ entfuhr es Ottokar. „Ich habe diese Geschichte immer für ein dummes Ammenmärchen gehalten. Etwas, das die Menschen sich erzählen, wie ... wie ...“ – „Wie, dass Rentiere den Weihnachtsschlitten ziehen?“, fragte Kugel frech. „Tja, dann müsst ihr wohl alle mal umdenken, büdde! Kann ich jetzt vielleicht etwas von eurem Essen haben?“ Per lächelte Kugel freundlich an: „Ja, natürlich, nimm dir, was du möchtest. Fühl dich wie zu Hause!“

Spielidee: Weihnachtsbegriffe erklären

Ein Familienmitglied überlegt sich ein Wort, das etwas mit Weihnachten zu tun hat, zum Beispiel „Engel“, und versucht, den Begriff für die Anderen zu umschreiben. Wenn das Wort erraten ist, ist die oder der Nächste mit Erklären an der Reihe.

Tipp: Falls kleine Familienmitglieder Schwierigkeiten haben, sich Wörter auszudenken, können größere ihnen auch welche ins Ohr flüstern.

12

Kugel hatte einen gesegneten Appetit. Feldsalatblättchen, Schupfnudeln, Käsehäppchen – alles mümmelte er in sein kleines Mäulchen, und selbst Roastbeefscheiben, Schinkenwürfel und Würstchen ließ er sich schmatzend schmecken. „Ich dachte immer, Hasen seien Vegetarier", murmelte Ottokar leicht verstört. „Ach weißt du, am Heiligabend nehmen wir das nicht so genau", erklärte Kugel mit vollen Backen und angelte sich mit dem Vorderlauf ein Stückchen Fonduefleisch.

„Und was machst du nach diesem Picknick?", fragte Per höflich. „Hast du eine Grube, in der du Weihnachten feierst?"

Kugel blieb der Bissen fast im Halse stecken. „Wie büdde?", fragte er entgeistert. „Ich fahre mit euch mit – ich dachte, das sei beschlossene Sache!" Die Wichtel sahen ihn verwundert an. „Wieso?", wollte Svea wissen. „Na, ist doch klar", erklärte Kugel. „Wenn ein Tier am Heiligabend auf dem Weihnachtsschlitten mitfährt, dann kann es für alle Zeiten sprechen! Ansonsten ist damit natürlich am nächsten Tag wieder Schluss. Jetzt sagt mir büdde nicht, dass ihr das nicht wusstet!"

Davon hatten die Wichtel tatsächlich noch nie etwas gehört. Aber schließlich war es ja auch das erste Mal, dass sie den Weihnachtsmann bei dieser Tour vertraten.

„Ihr MÜSST mich einfach mitnehmen", sprudelte es aus Kugel hervor. „So eine Chance bekomme ich doch nie wieder! Wenn ihr mich hier zurücklasst, dann bin ich morgen wieder stumm wie ein Fisch. Oder eben wie ein gewöhnlicher Hase. Wenn ich aber mitkommen darf, dann ... dann ..."

„Dann bleibt er für immer eine lästige Quasselstrippe", brummte Ottokar leise. „Und geht uns überdies während der gesamten Fahrt auf den Keks", raunte Fred.

Die Wichtel überhörten das Gestänker der Rentiere geflissentlich. „Natürlich kannst du bei uns mitfahren", sagte Wilma herzlich zu Kugel. In den nächsten Minuten war der Wald erfüllt vom freudigen Gejuchze des auf- und abhüpfenden Schneehasen.

Bastelidee: Rentierfuß-Gruß

Ihr braucht:

- Pappe, mindestens so lang wie euer Fuß
- Kulleraugen
- 1 roten Pompon

Für diese Riesen-Weihnachtskarte mit Rentier lasst ihr euch die Unterseite eures nackten Fußes von einem Elternteil mit brauner Wasserfarbe bemalen. Dabei werden die drei mittleren Zehen ausgespart. Setzt jetzt den bemalten Fuß auf ein ausreichend großes Stück Pappe, so dass ein Abdruck entsteht. Das ist der Kopf des Rentieres, die Zehen sind die Ohren. Wenn die Farbe trocken ist, malt ihr mit Filzstiften das Geweih. Klebt Kulleraugen aus dem Bastelladen und einen roten Pompon als Nase auf. Jetzt könnt ihr noch etwas auf die Karte schreiben, zum Beispiel „Frohes Fest, liebe Oma“ – fertig ist eure Riesenkarte.

13

Kugel nahm auf dem Kutschbock zwischen den Wichteln Platz, und weiter ging die Fahrt. Doch nachdem sie ein paar Dörfer abgeklappert und mit Geschenken versorgt hatten, wurden die Rentiere vor dem Schlitten schon wieder langsamer. Kugel war der Erste, dem das auffiel. „Warum laufen die Zottel da vorne plötzlich wie in Zeitlupe?“, fragte er Wilma. Die erklärte dem Schneehasen, dass es mit Fred, Karl und Ottokar nicht so einfach war, und dass sie schon mit verschiedenen Mitteln versucht hatten, die drei am Laufen zu halten.

„Darf ich es mal versuchen? Büdde, büdde, büdde?“, bettelte Kugel. Die Wichtel schauten sich an. Knorke zuckte mit den Schultern. „Warum nicht?“, brummte er. „Langsamer können sie ja kaum noch werden!“

Wie ein geölter Blitz sprang Kugel auf und kletterte über die Rentier-Rücken bis ganz nach vorne auf Ottokars Geweih. Dort hielt er sich mit den Vorderläufen an den beiden größten Geweihenden fest und schrie mit quäkiger, durchdringender Stimme: „Kannst du mal büschen schneller rennen?“ Als das keine Wirkung zeigte, begann er, Saltos in der Luft zu machen und bei jeder Umdrehung „BÜDDE – BÜDDE – BÜDDE – BÜDDE“ zu krähen.

„Aufhören“, rief Ottokar entsetzt, „das hält ja kein Elch aus!“

„Ist ganz einfach“, gab Kugel frech zurück, „schwingt ihr die Hufe, beende ich die Rufe!“ Und er hangelte sich nach hinten zu Fred und Karl, ließ sich zwischen ihren Geweihen baumeln und grölte abwechselnd dem einen ins rechte und dem anderen ins linke Ohr: „HOPP, HOPP, HOPP, RENTIER LAUF GALOPP!“

„Schon gut, schon gut“, stöhnten die Rentiere, und beeilten sich, schneller zu werden. Als der Schlitten wieder einigermaßen zügig durch den Schnee glitt, verstummte Kugel schließlich und landete mit einem weiteren Salto zwischen den Wichteln auf dem Kutschbock.

„Du bist ein nützlicher kleiner Geselle“, lobte Per und kraulte den Hasen zwischen den Ohren. „Ich weiß“, nickte Kugel und reckte stolz sein Köpfchen nach oben, „ich bin dermaßen nervig, ich bekomme immer, was ich will. Apropos – ich habe eine Idee. Könnte ich nicht beim nächsten Haus mit Jette und Juppi die Geschenke reinbringen? Oh büdde, büdde, büdde, büdde ...“

Bastelidee: Der schönste Tannenbaumschmuck aller Zeiten

Ihr braucht:

- 6 Eisstiele
- Acryl- oder Plakafarbe
- 1 kleines Stück Pappe
- ggf. ein Foto von euch
- Bändchen

Für den Tannenbaumschmuck malt ihr sechs leergegessene Eisstiele bunt an. Klebt drei Eisstiele so zusammen, dass ein Dreieck entsteht, und wiederholt das mit den anderen. Jetzt klebt ihr die beiden Dreiecke so übereinander, dass sie wie ein Stern aussehen. In die Mitte des Sterns könnt ihr von hinten Pappe und darauf z. B. ein Foto von euch kleben. Zum Schluss knotet ihr noch ein Band um die obere Spitze des Sterns. Der schönste Weihnachtsbaumschmuck, den eure Eltern je gesehen haben – wetten?

14

Kugel bearbeitete die Wichtel so hartnäckig, dass sie schließlich nachgaben. Beim nächsten Haus nahm Jette ihn Huckepack und kletterte mit ihm durch den Schornstein hinein. Juppi folgte ihnen. Drinnen angekommen, begannen die beiden Wichtel direkt, die Geschenke unter den Tannenbaum zu legen. Kugel dagegen war ganz fasziniert von der Krippe, die neben dem Baum aufgebaut war. „So viele Schafe, aber kein einziger Schneehase", murmelte er verwundert, und schnupperte suchend zwischen den Figuren umher.

Plötzlich hörten sie Schritte im Flur, und eine Frauenstimme sagte: „Ich mache nur schnell noch die letzten Handgriffe am Weihnachtsbaum, dann können wir mit dem Essen anfangen!" Erschrocken starrten Jette und Juppi sich an. Dann sausten sie wie der Blitz in den Kamin und drückten sich dort in die Ecke. „Kugel", zischten sie, „versteck dich!" Doch Kugel hatte inzwischen die Jesusfigur in der Krippe gefunden und krähte begeistert: „Hier ist ja das Geburtstagskind! Happy Birthday, lieber Jesus ..."

Und da war es auch schon zu spät.

Die Wohnzimmertür öffnete sich und eine Frau kam herein. Sie ging zum Tannenbaum, rückte den Strohstern an der Spitze zurecht und betrachtete alles prüfend. Dann fiel ihr Blick auf Kugel, der nun auch endlich den Ernst der Lage begriffen hatte und vor Schreck wie erstarrt war. „Nanu", sagte die Frau verblüfft, „ein Stofftier! Das muss Herbert für die Kinder gekauft haben! Aber warum hat er es denn gar nicht verpackt?" Sie seufzte. „ALLES muss man selber machen ... wo ist denn jetzt das Geschenkpapier ... ach, da steht ja noch eine Rolle am Kamin ..." Jette und Juppi stockte der Atem, als sie sahen, wie die Frau sich ihrem Versteck näherte. Wilma hatte ihnen immer wieder eingeschärft, dass man sie auf gar keinen Fall entdecken durfte! Kurzentschlossen flohen sie durch den Schornstein ins Freie. „Es ist etwas Schlimmes passiert", schrien sie den anderen Wichteln schon vom Dach aus entgegen. „Wissen wir", erwiderte Knorke, „wir haben alles durch das Fenster beobachtet." – „Und jetzt?", fragte Juppi, der vor Aufregung zitterte. „Ist doch klar", erwiderte Svea, „jetzt brauchen wir einen Plan, wie wir den Kleinen befreien!"

Bastelidee: Geschenkpapier selbst gestalten

Ihr braucht:

- Packpapier
- Fingerfarbe

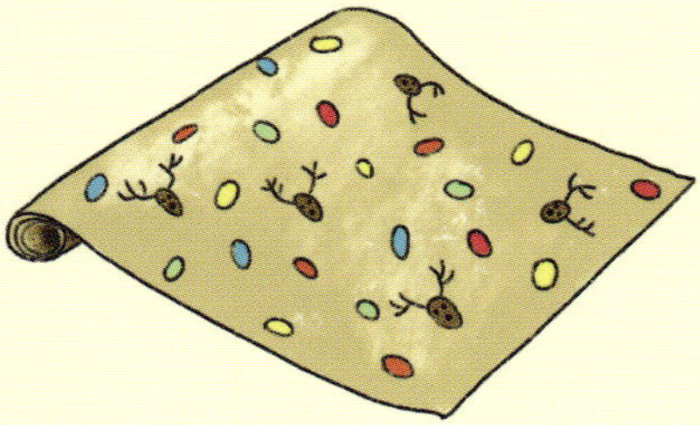

Klebt den Tisch komplett mit Packpapier ab, und dann kann es losgehen: Bemalt eure Finger mit Fingerfarbe und „bedruckt“ damit das Papier. Entweder macht ihr einfach ein Muster aus bunten Tupfen, oder ihr malt den Klecksen hinterher noch mit Filzstiften Gesichter und Wichtelmützen. Oder Rentiergeweihe. Ihr könnt auch die Finger so auf das Papier setzen, dass zum Beispiel kleine Tannenbäume entstehen. Eurer Fantasie sind keine Grenzen gesetzt!

15

Durch die Fensterscheibe sahen die Wichtel ein hübsch eingepacktes Geschenk hilflos über den Wohnzimmerteppich taumeln. „Kugel“, rief Wilma so laut sie konnte, „wir sind hier, am Fenster!“ Das Geschenk drehte sich in die Richtung, aus der die Stimme kam. „Büdde, büdde, büdde helft mir! Ich will nicht als Kuscheltier verschenkt werden, büdde nicht!“

„Alles wird gut, Kugel“, versuchte Svea den Schneehasen zu beruhigen“, „wir holen dich da raus!“

„Nur wie“, brummte Knorke und kratzte sich am Kopf. Allen war klar, dass es zu heikel für Jette und Juppi war, nochmals durch den Schornstein in das Haus zu klettern. Offenbar war die Familie kurz davor, mit den Feierlichkeiten zu beginnen – drinnen könnten sie jederzeit entdeckt werden. Sie mussten Kugel irgendwie anders befreien.

„Da, schaut mal“, rief Jette plötzlich und deutete Richtung Haustür. Dort schlüpfte gerade eine schwarze Katze durch die Katzenklappe ins Freie. „Entschuldigung“, sprach Svea das Tier höflich an, „wir haben ein Problem. Ein Freund von uns wurde im Haus deiner Familie als Geschenk verpackt. Kannst du ihn irgendwie nach draußen befördern?“

Misstrauisch betrachtete die Katze die Truppe von Rentieren und Wichteln, dann sagte sie abweisend: „Warum sollte ich kurz vor der Bescherung ein Geschenk aus dem Haus schaffen? Wollt ihr meine Familie etwa bestehlen?“

Die Wichtel schnappten entrüstet nach Luft. Rentier Fred war weniger beeindruckt. Er bahnte sich ungerührt seinen Weg durch den Schnee und baute sich vor der Katze auf. „Jetzt hör mal zu, du Schleichgänger. In dem Geschenk ist ein unglaublich niedlicher, kuscheliger Schneehase, der noch dazu für alle Zeiten sprechen kann! Ich bin kein Hellseher, aber ich würde mal vermuten, dass der locker das neue Lieblingshaustier der Kinder werden könnte. Wenn ich du wäre, würde ich alles dafür tun, dass dieses Geschenk so schnell wie möglich aus dem Haus kommt.“

Die Katze ließ sich Freds Worte kurz durch den Kopf gehen. Dann spähte sie mit den Wichteln durch die Scheibe. „Welches ist es denn?“, wollte sie wissen.

Bastelidee: Licht im Honigglas

Für 1 Lichtglas braucht ihr:

- 1 leeres Honigglas
- Farbige Pappe nach Wahl
- Transparentpapier
- 1 Teelicht

Als schönes Weihnachtsgeschenk eignen sich selbst gemachte Lampen. Sammelt leere Marmeladen- oder Honiggläser – am besten welche, die möglichst gerade sind, also keine Wölbungen oder Kanten haben. Schneidet einen Streifen aus farbiger Pappe zurecht: So breit, wie das Glas hoch ist und so lang, dass man ihn einmal um das Glas herumlegen kann. Jetzt prickelt ihr in die Pappe Sterne, Tannenbäume, oder was immer ihr mögt. Dann klebt ihr buntes Transparentpapier hinter die entstandenen Aussparungen. Jetzt den Streifen um das Glas legen und mit Klebestreifen festkleben. Ein Teelicht hineinsetzen und die schöne Lichtstimmung genießen.

16

Wenige Minuten später war die Katze, die sich den Wichteln als Cleo vorgestellt hatte, im Wohnzimmer und stupste das torkelnde Geschenk mit der Pfote an. „He, Hase“, sagte sie barsch. „Ich kullere dich jetzt zur Katzenklappe. Kannst du dich zu einem Ball zusammenrollen?“ – „Natürlich“, tönte es dankbar aus dem Geschenk heraus, „mein Name ist schließlich Kugel!“

Geschmeidig wie eine Fußball-Dribbel-Königin kickte Cleo das Geschenk abwechselnd mit der linken und der rechten Vorderpfote zur Wohnzimmertür und dann weiter durch den Flur bis zur Katzenklappe. Mit einem letzten eleganten Stups manövrierte sie Kugel in die Öffnung und schob ihn von hinten durch die Luke. Oder besser gesagt: Sie versuchte, ihn durch die Luke zu schieben. Denn Kugel steckte fest. „He, Wichtel“, rief Cleo nach draußen, „euer Hase passt nicht durch!“

„Oh je, oh je, oh je“, kam es jammernd aus dem Geschenkpapier, „möglicherweise habe ich bei unserem Picknick vorhin ein paarmal zu oft zugelangt.“

Per zerriss vorsichtig das Geschenkpapier auf der Seite von Kugel, die ins Freie ragte. Ohren, Gesicht und Vorderläufe des Schneehasen kamen zum Vorschein. „So“, sagte Per aufmunternd, „jetzt kannst du immerhin schon einmal besser atmen!“

Kugel versuchte mit aller Kraft, sich nach draußen zu zwängen, aber es wollte ihm einfach nicht gelingen. Schließlich stapfte Ottokar durch den Schnee auf die Katzenklappe zu und dröhnte mit tiefer Stimme: „Jetzt lasst mal den Profi ran!“ Er senkte seinen Kopf nach unten, und Kugel ergriff mit seinen Vorderläufen das Rentiergeweih. Millimeter um Millimeter bewegte Ottokar sich rückwärts. Mit zusammengebissenen Zähnen quetschte er hervor: „Das Pelz-Dings soll von drinnen helfen!“ Das ließ Cleo sich nicht zweimal sagen. Sie nahm Anlauf durch den Flur und warf sich mit aller Kraft gegen Kugels Hinterteil. Mit einem lauten „Plopp“ flutschte dieser endlich durch die Klappe, segelte in hohem Bogen über Ottokar hinweg und landete in einem großen Schneehaufen. Wie auf einem Trampolin hopste er dort auf und nieder, riss sich die letzten Fetzen Geschenkpapier vom Leibe und juchzte: „Freiheit! Freeeiiiheeeeiiiit!“

Bastelidee: Klorollen-Rentiere

Für 3 Rentiere braucht ihr:

- 3 leere Toilettenpapierrollen
- braune Wasser-, Plaka- oder Acrylfarbe
- Papier und Stifte
- ggf. 3 rote Pompons
- braune Pappe oder sehr kleine, dünne Zweige

Malt drei Klorollen mit Wasser-, Plaka- oder Acrylfarbe braun an. Schneidet aus Papier Augen, Nase und Mund aus und klebt sie auf die Klorollen. Als Nase könnt ihr auch ein kleines rotes Stoffbällchen (Pompon) aus dem Bastelladen verwenden.

Das Geweih schneidet ihr aus brauner Pappe und klebt es von innen an den oberen Rand der Klorolle. Oder ihr sammelt ganz kleine, dünne Zweige und klebt diese mit Klebestreifen von innen fest.

Karl, Fred und Ottokar sehen bestimmt super auf eurer Fensterbank aus!

17

Nach der abenteuerlichen Rettungsaktion ging es eine Weile ohne größere Zwischenfälle weiter.

Allerdings waren bei den Rentieren nun langsam wirklich die Kraftreserven aufgebraucht. „Vielleicht wird es Zeit für das letzte Ass, das wir noch im Ärmel haben“, sagte Svea, und den Rentieren rief sie zu: „He ihr drei! Wie würde es euch gefallen, wenn ihr ab jetzt auf Rollen dahingleiten könntet?“

„Das wäre fantastisch“, brummte Fred spöttisch, „aber ich fürchte, bis du alle Straßen in Rollbänder umgebaut hast, ist Weihnachten vorbei!“

Grinsend gab Svea zurück: „Du vergisst, dass ich zu Hause in der Werkstatt für die Sport-Geschenke zuständig war!“ Unter den ungläubigen Blicken der Rentiere holten die Wichtel zwölf nigelnagelneue Rollschuhe vom Schlitten. Mit einer Mischung aus Entsetzen und Begeisterung starrten Fred, Karl und Ottokar sie an. „Du ... du willst, dass wir die anziehen?“, stammelte Fred. Ottokar schaute betreten zu Boden: „Ich bin mir nicht sicher, ob ich überhaupt Rollschuh fahren kann!“

„Ach, Papperlapapp“, widersprach Svea gutgelaunt. „Mit ein bisschen Übung bekommt ihr das bestimmt schnell hin.“ Und sie spannte die Rentiere aus, damit sie es probieren konnten.

Zögernd ließen sich die drei die Rollschuhe an die klobigen Hufe schnallen. Karl war der Erste, der vorsichtig begann, vor- und zurückzurutschen. Leider gelang es ihm dabei nicht, seine beiden Vorderbeine gerade nebeneinander zu halten – langsam drifteten sie immer weiter auseinander. Unkontrolliert schlitterte er dahin und prallte schließlich mit voller Wucht gegen Ottokars Hinterteil, der sich nun selbst ungewollt in Bewegung setzte. Fred wollte den beiden zu Hilfe eilen und rollte los, konnte aber weder die Richtung noch das Gleichgewicht halten. Hilflos glitschten, taumelten und schwankten die Rentiere durch die Gegend. „Whoa, whooaa, whoooaaa“, tönte es durch die Nacht, bevor alle drei mit einem lauten Rums fast zeitgleich zu Boden purzelten, die Beine in alle Himmelsrichtungen von sich gestreckt.

Eine Weile herrschte Stille. Dann hob Karl seinen Kopf aus einem kleinen Schneeberg und sagte hochzufrieden: „Nicht übel für den Anfang, gar nicht übel!“

Spielidee: Das Weihnachts-ABC

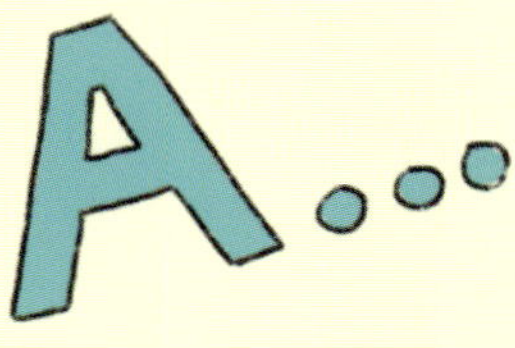

Geht gemeinsam das Alphabet durch und versucht, zu jedem Buchstaben einen Begriff zu finden, der etwas mit Winter oder Weihnachten zu tun hat, z. B. A wie Adventskalender, B wie Bescherung, C wie Christkind ... Wenn Familienmitglieder dabei sind, die sich mit Buchstaben noch nicht so gut auskennen, können die anderen ihnen auch helfen und ihnen passende Begriffe beschreiben.

18

Die Rentiere empfanden sich als wahre Rollschuh-Naturtalente und waren deswegen auch hochmotiviert, es immer und immer wieder zu probieren. Schließlich hatten sie tatsächlich den Dreh raus und glitten anmutig vor dem Schlitten dahin.

Auf diese Weise kamen sie gut voran, und deshalb beschlossen die Wichtel, sich eine weitere Pause zu gönnen. Auf einem verlassenen Dorfplatz an einer alten Kirche machten sie Halt.

„Ist das nicht zu gefährlich?“, fragte Per unsicher. „Ihr wisst doch: Die Menschen dürfen uns auf keinen Fall entdecken!“

Kaum hatte er das ausgesprochen, öffneten sich die Tore der Kirche, und eine große Menschenmenge strömte auf den Platz. Offensichtlich hatte gerade ein Gottesdienst stattgefunden.

Einige Menschen bemerkten die seltsame Truppe und kamen neugierig näher.

„Mama, schau mal – der Weihnachtsschlitten!“, rief ein kleiner Junge. Doch seine Schwester widersprach: „Ach Quatsch! Das sind doch nur Schauspieler, die die Weihnachtsgeschichte aufführen!“

Die Wichtel sahen sich an und nickten einander unmerklich zu. Das war die Rettung!

„Ganz genau“, sagte Wilma, und blickte lächelnd in die Runde. „Wir brauchen nur noch einen kurzen Moment für den Aufbau, und dann geht es los!“

Zu den anderen Wichteln sagte sie leise: „Okay, improvisieren wir eine kurze Show. Svea ist Maria, Per spielt den Josef. Fred, Karl und Ottokar können die Tiere im Stall sein...“

„Auf keinen Fall“, widersprach Karl entschieden. „ICH bin die Maria! Das wollte ich schon immer, und diese Gelegenheit lasse ich mir jetzt nicht wegnehmen. Und du bist die Frucht meines Leibes, Jesus“, sagte er zu Kugel und stupste den Hasen kurzerhand mit dem Maul so an, dass er vor ihm in den Schnee fiel und dort wie ein Baby liegenblieb. „Dann bin ich Josef“, freute sich Ottokar, und stellte sich neben Karl.

„Kollegen, das geht doch nicht“, sagte Fred kopfschüttelnd. „Ihr habt doch gar keine Kostüme!“ Und schon zog er eine blaue Wolldecke vom Kutschbock und drapierte sie so auf Karls Geweih, dass sie wie ein Umhang dessen Gesicht umrahmte. Danach stülpte er sich selbst eine weiße Decke über und sagte selbstbewusst: „Ich spiele den Engel des Herrn!“

Bastelidee: Kaffeefilter-Rentier

Für 1 Rentier braucht ihr:

- 1 Kaffeefilter
- Braune Pappe
- Geschenkband
- ggf. Kulleraugen und Pompon

Mopst euch einen Kaffeefilter von euren Eltern (aber aufpassen, dass es nicht der letzte ist – sonst kann die schöne Vorweihnachtsstimmung ganz schnell dahin sein). Schneidet aus brauner Pappe Rentier-Geweihe aus und klebt sie innen an den oberen Rand des Filters, so dass sie nach oben herausragen. Malt oder klebt Augen, Nase und Mund auf. Macht kleine Löcher oben mittig auf beiden Seiten des Kaffeefilters, zieht ein Band durch und knotet es zusammen. Dieses Rentier könnt ihr auch als Tasche für kleine und leichte Geschenke verwenden.

19

Während die Rentiere sich auf ihren Auftritt vorbereiteten, begannen die umherstehenden Leute, den Wichteln neugierige Fragen zu stellen. „Sagt mal“, wandte sich ein Mann an Per, „ihr seid doch Kinder! Dürft ihr denn um diese Uhrzeit noch allein hier draußen sein?“ – „Wir, ähm, also …“, stammelte Per. Dann hatte er einen Geistesblitz: „Wir sind doch gar nicht allein! Unsere Eltern stecken in den Rentierkostümen. Oder haben Sie schon einmal sprechende Rentiere gesehen?“
Die Blicke der Menschen wanderten zu Karl und Ottokar, die dabei waren, ihren Text zu proben. „Josef!“, rief Karl gerade voller Inbrunst, „Josef, ab in den Stall. Das Kind kommt!“
„Aber“, fragte eine Frau verwirrt, „wenn eure Eltern Maria und Josef spielen – warum tragen sie dann Rentierkostüme?“
„Das ist künstlerische Freiheit“, erwiderte Fred von oben herab und trabte an ihnen vorbei, um seinen Auftritt als Engel zu üben.
Schließlich begann das seltsamste Krippenspiel, das die Dorfbewohner je gesehen hatten. Die Wichtel hatten es eigentlich so kurz wie möglich halten wollen, aber daran war mit Karl, Fred und Ottokar in den Hauptrollen nicht zu denken.

Maria überschüttete Knorke, der sie als Wirt an der Herbergstür abwies, mit so wüsten Beschimpfungen, dass er ihr schließlich völlig eingeschüchtert sein eigenes Zimmer überlassen wollte, was sie aber trotzig ablehnte.
Fred wurmte es, dass sein Auftritt als Engel erst so spät im Stück sein sollte, und so erschien er Maria und Josef ganz spontan schon etwas eher und begleitete sie zum Stall von Bethlehem. Dort angekommen spielten die Rentiere die Geburt Jesu sehr detailreich nach, und als Kugel endlich auf der Welt war, gab es ein großes Willkommensfest für das Baby.
Die Hirten Wilma, Svea, Per, Jette und Juppi warteten vergeblich darauf, dass der Engel des Herrn ihnen die frohe Kunde übermittelte – der aber schmetterte zusammen mit Maria und Josef Weihnachtslieder und machte eine Polonaise durch den Stall. Und so fanden die Hirten schließlich ganz allein den Weg zur Krippe, und Wilma beendete das Theaterstück: „Das war’s!“, rief sie dem Publikum zu. „Kommen Sie gut nach Hause – und frohe Weihnachten!“

Idee für die Weihnachtsbäckerei: Keks-Tannenbäume

Ihr braucht:
Zutaten für den Mürbeteig:

- 200 g Weizenmehl
- 1 Messerspitze Backpulver
- 100 g weiche Butter
- 1 Päckchen Vanillezucker
- 80 g Zucker
- 1 Prise Salz
- 1 Ei

Zutaten für die Verzierung:

- 100 g Puderzucker
- Etwa 5 TL Wasser
- Mini-Schokolinsen

Mischt zuerst Mehl und Backpulver, dann auch die übrigen Zutaten zu einem Teig, rollt ihn aus und schneidet mit Hilfe einer Schablone große Tannenbäume aus. Bei 200 °C (Ober-/Unterhitze) im vorgeheizten Backofen etwa 11 Minuten backen und danach erkalten lassen.
Zuckerguss zubereiten (100 g Puderzucker und etwa 5 Teelöffel Wasser vermischen), die Bäume damit bestreichen und mit Mini-Schokolinsen verzieren.

20

Nach und nach wurden die Geschenke auf dem Schlitten immer weniger. „Das war's", verkündete Knorke schließlich, nachdem Jette und Juppi das letzte Päckchen ausgeliefert hatten. „Wir sind fertig!" – „Und wie durch Magie kommt es genau hin", strahlte Svea, „seht nur: Das war das letzte Haus des Ortes. Jetzt können wir nach Hause fahren."

Sie wollten gerade den Schlitten wenden, da rief Per: „Wartet mal! Da drüben wohnt doch auch noch jemand – oder etwa nicht?" Er deutete auf eine Hütte am Waldrand, die sie fast übersehen hätten, weil sie nur ganz schwach beleuchtet war. Die Wichtel schlichen näher und spähten vorsichtig durch das Fenster. Drinnen sahen sie ein ärmlich gekleidetes Ehepaar in einer kleinen Küche sitzen. Durch die klapprigen Fensterscheiben konnten sie die beiden miteinander sprechen hören. „Ach Hannah", sagte der Mann gerade mit hängenden Schultern, „wie gerne würde ich dem Jungen und dir heute ein leckeres Festessen servieren. Aber das Geld hat wieder mal nur für das Allernötigste gereicht." – „Ich weiß", sagte seine Frau und betrachtete die wenigen kargen Lebensmittel, die auf dem Küchentisch lagen.

„Die Suppe wird leider hauptsächlich aus Wasser bestehen." Sie seufzte. Dann strich sie ihrem Mann über den Rücken: „Thomas, was hältst du davon, wenn du jetzt mit Fritz einen Tannenbaum aus dem Wald holst? Wir haben zwar nichts, womit wir ihn schmücken können, aber es wäre trotzdem schön, an Weihnachten einen Baum zu haben." Thomas verschwand im Nebenzimmer, um seinen Sohn zu holen, und Hannah begann, Möhren in Stücke zu schneiden.

Vor dem Fenster raufte sich Wilma die Haare. „Und ausgerechnet bei dieser Familie gehen uns die Geschenke aus? Das darf doch wohl nicht wahr sein", schimpfte sie fassungslos. „Büdde, wir müssen etwas tun", quiekte Kugel. Wichtel, Rentiere und Schneehase steckten die Köpfe zusammen und heckten einen Plan aus. Einen guten Plan. Er hatte nur einen Haken. „Was ist mit der Regel, dass die Menschen uns nicht sehen dürfen?", fragte Juppi. Svea straffte die Schultern. „Auf die pfeifen wir ausnahmsweise!" Die anderen stimmten ihr jubelnd zu. Dann trat Jette zur Haustür, holte tief Luft und klopfte an.

Spielidee: Weihnachts-Schnitzeljagd für Eltern

Versteckt in der Wohnung einen Schatz, den eure Eltern finden sollen – zum Beispiel eine Süßigkeit von eurem Nikolausteller, falls noch etwas übrig ist. Dann malt ihr Hinweise auf kleine Zettel. Die Bilder auf den Zetteln zeigen euren Eltern, wo sie als nächstes suchen müssen: Auf dem ersten ist vielleicht eine Dusche gemalt, in der Dusche finden sie dann einen Zettel mit einem Sofa, unter dem Sofa ist ein Zettel mit einem Schrank versteckt, usw. Da Eltern bei Schnitzeljagden meist nicht so geübt sind wie Kinder: Helft ihnen ruhig ein bisschen. Gebt ihnen Tipps, damit sie die Zeichnungen entschlüsseln können, und wenn gar nichts mehr hilft, lenkt sie mit „wärmer“ und „kälter“.

21

Die Frau namens Hannah öffnete die Tür. „Ja?“, fragte sie verwundert, „was kann ich für euch tun?“

„Guten Abend“, sagte Jette feierlich. „Wir sind Gesandte des Weihnachtsmannes und haben die Ehre, Ihnen mitzuteilen, dass Sie bei der magischen Weihnachtslotterie einen Rentierritt für die ganze Familie gewonnen haben!“

„Aber …“, stammelte Hannah, „aber wir haben doch bei gar keiner Verlosung mitgemacht …“ Auf diesen Einwand war Jette vorbereitet. „Es ist ja auch eine MAGISCHE Lotterie“, erklärte sie geduldig. „Die Leute merken gar nicht, dass sie daran teilnehmen – bis sie gewinnen!“

Neugierig drängelte sich Fritz an seiner Mutter vorbei durch die Tür. „Können wir, Mama? Bitte!“

„Sie müssen sogar“, sagte Ottokar freundlich, aber entschieden. „Unser Chef kann es gar nicht leiden, wenn seinen Anweisungen nicht Folge geleistet wird.“ Und Fritz zwinkerte er zu: „Spring auf!“ Das ließ der Junge sich nicht zweimal sagen – im Handumdrehen saß er auf Ottokars Rücken und streichelte begeistert sein zotteliges Fell.

Seine Eltern waren etwas zögerlicher, aber schließlich ließen auch sie sich von den Wichteln auf die Rentiere helfen. „Aber ich muss doch das Essen zubereiten“, fiel Hannah plötzlich ein. Doch da hatten die Rentiere sich schon in Bewegung gesetzt.

„Das lassen Sie mal unsere Sorge sein“, rief Wilma, und winkte ihnen fröhlich hinterher.

Kaum war die Familie außer Sichtweite, spurteten die Wichtel in verschiedene Richtungen davon. Jeder wusste genau, was er zu tun hatte. Per verschwand in der Küche und kümmerte sich um das Essen. Wilma und Svea zogen los, um einen Weihnachtsbaum aus dem Wald zu holen. Knorke sammelte Kaminholz. Jette und Juppi machten sich am Schlitten zu schaffen und schleppten mehrere Gegenstände in die Hütte.

Und Kugel? Der war der Meinung, dass der Außenbereich des Hauses ein wenig Dekoration vertragen konnte und baute einen riesengroßen Hasen aus Schnee. Mit Weihnachtsmütze!

Bastelidee: Weihnachtsgirlande

Ihr braucht:

- Buntes Papier

Schneidet aus Tonpapier oder aus Goldpapier lange, etwa 1,5 cm breite Streifen. Schneidet die Streifen in ca. 12 cm lange Stücke. Formt jetzt aus einem Streifen einen Kreis und klebt die überlappenden Enden zusammen. Als Nächstes steckt ihr einen weiteren Streifen durch den Kreis und klebt auch den wieder zusammen. So geht es immer weiter, bis ihr eine tolle, lange Kettengirlande habt.

Tipp: Besonders schön sieht es aus, wenn sich immer zwei Farben abwechseln, zum Beispiel Rot und Grün oder Gold und Silber.

22

Als Hannah, Thomas und Fritz von ihrem Ausritt zurückkamen und die Hütte betraten, hätten sie ihr Heim fast nicht wiedererkannt! Es war warm und gemütlich, denn im Kamin knisterte ein behagliches Feuer. Daneben hatte Knorke jede Menge Holzscheite zum Nachlegen aufgeschichtet – und er hatte auch seinen Blasebalg dagelassen!

Der Esstisch war gedeckt und der Raum erfüllt von einem wunderbaren Duft. Per hatte für sie gekocht und hatte dabei alles verwertet, was Jette und Juppi im Laufe des Abends noch aus den Häusern stibitzt hatten. Hannah, Thomas und Fritz lief das Wasser im Munde zusammen, als sie sahen, was dort alles für sie aufgetischt war: Braten mit Kroketten und Rotkohl, Kartoffelsalat und Würstchen, frisch gebackenes Brot mit Käse – und zum Nachtisch Schokoladenpudding mit Vanillesauce.

Mitten in der Stube stand der schönste und größte Weihnachtsbaum, den man sich vorstellen kann. Die Zweige waren über und über behängt mit golden funkelnden, dünnen Bändern. Svea und Wilma hatten kurzerhand ihre Cheerleader-Pompons auseinandergepflückt und damit dekoriert.

„Mama, Papa, da ist sogar ein Geschenk für uns!“, rief Fritz aufgeregt. Und tatsächlich! Unter dem Baum war etwas in Wolldecken eingewickelt. Fritz kniete sich hin, schlug die Decken auseinander – und zum Vorschein kamen drei kaum getragene Paar Rollschuhe.

„Das gibt’s doch nicht“, flüsterte er.

Aber wo waren die Wichtel? Hannah, Thomas und Fritz liefen nach draußen, um sich bei ihnen zu bedanken. Aber dort fanden sie nur noch Kugels Hasenfigur aus Schnee.

Die Wichtel hatten längst wieder die Rentiere vor den Schlitten gespannt und sich auf den Weg gemacht. In der Ferne sahen sie sie noch winken. „Hohoho – ein frohes Weihnachtsfest“, tönte es vom Schlitten zu ihnen herüber. „Das werden wir haben“, sagte Hannah und drückte Thomas und Fritz fest an sich.

Bastelidee: Ein Weihnachtsmann im Handumdrehen

Ihr braucht:

- 1 weißes Blatt Papier
- Stifte und Schere

Legt eure Hand mit geschlossenen Fingern und abgespreiztem Daumen auf ein weißes Blatt Papier und zeichnet mit der anderen Hand die Umrisse nach. Jetzt schneidet ihr das Ganze aus, dreht es um und bemalt es als Weihnachtsmann: Der Daumen ist dabei der Zipfel der Mütze, die anderen Finger sind der Bart, in die Mitte kommen Augen und Nase. Wer übrigens alle Finger gespreizt hatte, bekommt einen Weihnachtsmann mit Zottelbart.

23

Der Rückweg wurde für alle sehr anstrengend. Die Rentiere trugen nur noch vorne Rollschuhe – die Hinterbeine stolperten den rollenden Vorderhufen mühsam hinterher. Müde stimmten die Wichtel ein letztes, umgedichtetes Lied an, um die Rentiere bei Laune zu halten. Zur Melodie von „Kling Glöckchen, klingelingeling“ klang es schleppend durch den Wald:

„Rentiere, ihr seid einfach toll,
Rentiere – voll!
Zieht so gut den Schlitten
Später gibt es Fritten …“

„*Gibt* es später Fritten?“, unterbrach Juppi das Lied seiner Freunde. „Gibt es *irgendwas*? Ich hab solchen Hunger!“ Das ging den anderen genauso. Alles, was sie noch zu Essen gehabt hatten, hatten sie der armen Familie geschenkt, und darüber waren sie sehr froh. Aber jetzt knurrten ihnen natürlich die Mägen.

„Wisst ihr noch, wie es sonst immer ist, wenn der Schlitten zurückkommt?“, fragte Per. Die anderen nickten. Normalerweise richteten sie die Werkstatt schön her und kochten ein großes Festessen für sich und den Weihnachtsmann, während er die Geschenke auslieferte. Dieses Jahr würde alles anders sein. Keiner von ihnen war zu Hause geblieben, und deshalb hatte auch niemand etwas vorbereiten können. Sie würden in eine staubige, unaufgeräumte Werkstatt zurückkehren und sich hungrig auf ein paar Strohballen schlafen legen. Ein bisschen traurig war das schon – jetzt hatten sie so vielen Menschen ein schönes Weihnachtsfest beschert, und ihr eigenes würde ausfallen.

„Wir sind da“, verkündete Knorke schließlich. Die Rentiere wurden ausgespannt und schlurften zusammen mit den Wichteln und Kugel zur Tür.

Als sie diese aufstießen, trauten sie ihren Augen kaum. Die Werkstatt war blitzeblank geputzt und mit unzähligen Lichtern, Girlanden und Zweigen geschmückt. In der Mitte stand vor einem festlich gedeckten Tisch – der Weihnachtsmann, in einer fleckigen Kochschürze. „Da seid ihr ja endlich“, dröhnte er mit tiefer Stimme. „Herein, herein, und dann schnell an den Tisch. Ich hab’ einen mordsmäßigen Kohldampf!“

Spielidee:
Malerische Weihnachten

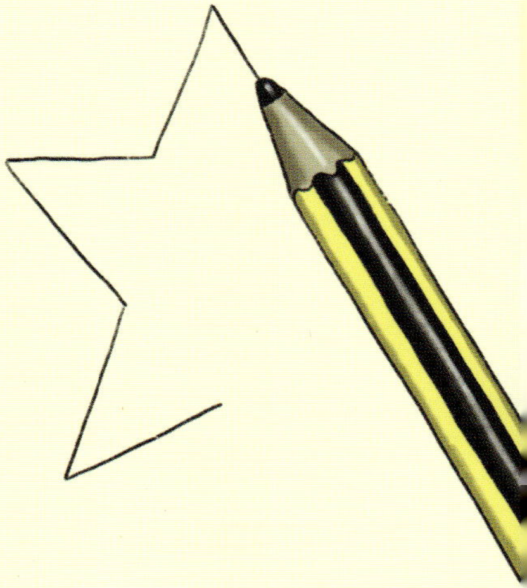

Ein Familienmitglied denkt sich einen Begriff aus, der etwas mit Weihnachten zu tun hat, beispielsweise „Adventskranz", und beginnt, diesen auf ein Blatt Papier zu zeichnen. Alle anderen versuchen nun so schnell wie möglich zu erraten, was da gemalt wird. Wenn der Begriff erraten ist, ist der oder die Nächste mit Malen an der Reihe. Das könnt ihr bis zur Bescherung weiterspielen … Fröhliche Weihnachten!

24

Staunend sahen sich die Heimkehrer in der festlich geschmückten Werkstatt um. „Chef … warst du das?“, fragte Wilma ungläubig. „Wir dachten, du wolltest bis Silvester schlafen!“

„Ach, papperlapapp!“, rief der Weihnachtsmann. „Ich habe natürlich mitbekommen, dass ihr aufgebrochen seid, um die Geschenke auszuliefern. Ich muss sagen, ich bin ganz schön stolz auf euch. Jetzt habt ihr euch das Festessen wirklich verdient!“

Weder die Wichtel noch die Rentiere konnten verbergen, wie sehr sie sich über das Lob ihres Chefs freuten. Kugel hopste aufgeregt zwischen den anderen herum. „Darf ich beim Essen neben dem Weihnachtsmann sitzen? Büdde, büdde, büdde, büdde!“ Der Weihnachtsmann nahm ihn lachend auf den Arm. „Sehr gerne! Du solltest ab jetzt bei uns wohnen und uns im nächsten Jahr unbedingt wieder auf der Tour begleiten!“

„Uns, Chef?“, fragte Knorke vorsichtig.

„Ja, uns!“, dröhnte der Weihnachtsmann. „Den Spaß lasse ich mir doch nicht entgehen. Aber jetzt – ran an die Buletten!“ Jubelnd stürmten die Wichtel und Tiere zum Tisch.

Nach dem Essen wurde noch bis tief in die Nacht erzählt – von Cheerleader-Gesängen für die Rentiere, Rutschpartien über Hausdächer, der Schneehasen-Rettungsaktion, dem improvisierten Theaterstück und allem, was sie sonst noch auf ihrer Fahrt erlebt hatten.

Irgendwann begannen die Wichtel, Weihnachtslieder zu schmettern, und die Rentiere grölten lauthals mit.

Kugel ließ sich von Jette und Juppi Rollschuhe an die Pfoten schnallen und quietschte vor Freude, als sie ihn kreuz und quer durch die Werkstatt schoben.

Erst gegen Morgen kuschelten sich alle auf einem gemütlichen Strohlager zusammen, um zu schlafen. Und sie waren auch schon fast eingeschlummert, als plötzlich ein jähes Knattern die Stille durchbrach. Der Weihnachtsmann, der direkt neben Karl im Stroh lag, rappelte sich auf. „Eine Sache ist sehr wichtig“, sagte er ernst. „Bis nächstes Jahr Weihnachten brauchen wir unbedingt einen neuen Blasebalg!“

Sein dröhnendes Lachen erfüllte die gesamte Werkstatt, und Wichtel, Rentiere und Schneehase fielen fröhlich mit ein.